Pour la Patrie

SOCIÉTÉ CENTRE-AFRICAINE

DE

VULGARISATION

ET DE

COLONISATION

DIJON

IMPRIMERIE DARANTIERE

65, RUE CHABOT-CHARNY, 65

—

1890

SOCIÉTÉ CENTRE-AFRICAINE

DE

VULGARISATION ET DE COLONISATION

SOCIÉTÉ CENTRE-AFRICAINE

DE

VULGARISATION

ET DE

COLONISATION

DIJON

IMPRIMERIE DARANTIERE

65, RUE CHABOT-CHARNY, 65

—

1890

SOCIÉTÉ CENTRE-AFRICAINE

DE VULGARISATION ET DE COLONISATION

DISPOSITIONS GÉNÉRALES

§ 1. Il est fondé une Société dite : « *Société Centre-Africaine de Colonisation et de Vulgarisation* ». Elle a pour but d'encourager, par tous les moyens possibles, le développement de la colonisation française, en mettant le plus grand nombre de personnes à même d'étudier, sur place, les ressources de nos colonies, ainsi que leurs configurations géographiques.

§ 2. Elle publie un bulletin périodique illustré.

§ 3. Son siège est à

§ 4. La Société se compose de membres fondateurs, de membres honoraires et de membres actifs.

§ 5. Les ressources de la Société se composent :

    1° De la cotisation annuelle, fixée à 40 fr. ;

    2° Des dons et legs, dont l'acceptation sera autorisée par le gouvernement ;

    3° Des subventions des communes ou de l'Etat ;

    4° Des produits des publications.

DISPOSITIONS PARTICULIÈRES

Sauf ratification à la première assemblée générale :

§ 1. La Société comprendra : Un président, un vice-président, un trésorier-archiviste, un secrétaire-général, un secrétaire-adjoint.

Ces cinq personnes constitueront le bureau, lequel sera élu pour six ans dans les assemblées générales, et rééligibles pour une période égale seulement.

§ 2. Le bureau se réunit sur la convocation du président ; il est chargé de la gestion morale et matérielle de la Société. Les délibérations du bureau relatives à des acquisitions, aliénations, échanges ou achats d'immeubles en France, sont soumises à l'autorisation du gouvernement.

Les décisions du bureau sont prises au scrutin secret.

Une assemblée générale aura lieu tous les ans pour nommer le bureau, s'il y a lieu, entendre le rapport du secrétaire-général et les comptes du trésorier, lesquels seront ensuite vérifiés par une Commission de onze membres nommés séance tenante.

§ 5. Des assemblées générales extraordinaires pourront avoir lieu à des époques indéterminées sur la convocation du président et l'avis du bureau réuni au préalable.

§ 6. Les deux tiers des ressources de la Société seront employés annuellement en frais de voyages, le dernier tiers étant réservé aux frais de correspondances, d'impressions et de renseignements, en locations ou achats d'immeubles, aux dépenses occasionnées par l'entretien d'agents aux colonies, etc., etc.

§ 7. Les fonds disponibles seront placés en permanence dans un établissement financier, où ils seront employés à fournir des intérêts qui s'ajouteront au capital de la Société.

§ 8. Un comité d'organisation sera nommé à la première assemblée générale pour une période de six années ; les membres du bureau en feront partie de droit, et il aura pour président le président de la Société. Les opérations auront pour objet l'étude des voies et moyens à employer et des itinéraires à suivre dans les expéditions projetées. Les décisions prises au scrutin secret feront l'objet d'un rapport lu en assemblée générale et envoyé à tous les membres de la Société. Il sera composé de onze membres.

§ 9. Pour faire partie de la Société comme membre actif, il suffit d'en manifester le désir dans la demande d'incorporation, laquelle doit être adressée au président avec nom, prénoms, lieu et date de naissance, résidence actuelle et cotisation. Celui-ci prononce l'admission du candidat en réunion du bureau et à l'unanimité de ses membres ; avis en est donné aussitôt à l'intéressé. Il faut de plus :

    1° Être Français ou naturalisé depuis plus de quatre ans ;

    2° Avoir au moins 20 ans et au plus 55.

§ 10. Une fois admis, les membres actifs sont inscrits sur une liste par ordre d'ancienneté d'admission dans la Société, et, chaque année, un certain nombre d'entre eux sont désignés par le Comité d'organisation pour faire partie, aux frais de la Société, d'une expéditio sur la côte occidentale d'Afrique.

§ 11. Cette liste sera publiée annuellement et adressée à tous les membres de la Société.

§ 12. Les tours de départ ne pourront être cédés, ni échangés, sauf le cas prévu au paragraphe 13.

§ 13. Dans le cas où une cause imprévue s'opposerait au déplacement d'un membre actif désigné pour le prochain départ, son tour serait rappelé au départ suivant; si un nouvel empêchement survenait encore, nouvel et dernier rappel de tour, après quoi le membre susdit sera considéré comme ayant accompli son voyage.

§ 14. Les membres honoraires comprendront :

1° Toutes les personnes qui n'indiqueront pas sur la demande d'admission leur désir de faire partie de la Société comme membre actif ;

2° Les dames ;

3° Les personnes âgées de moins de 20 ans et de plus de 55, leur demande devant être conforme d'ailleurs à celle des membres actifs, et acceptée par le bureau, comme il est expliqué ci-dessus au paragraphe 9.

§ 15. Tout membre honoraire, dont l'âge serait compris entre 20 et 55 ans, qui désirerait ultérieurement devenir membre actif, devra en faire la demande écrite au président. Cette demande acceptée dans les formes prévues plus haut, le solliciteur prendra rang à la suite de la liste d'ancienneté.

§ 16. Les personnes présentes à la première assemblée générale, ou celles ayant adhéré à la Société lors de cette assemblée, par l'envoi de la demande indiquée au paragraphe 9, soit comme membres actifs, soit comme membres honoraires, auront le titre de membres fondateurs.

§ 17. Le bureau élu à cette assemblée procédera immédiatement à la réception des membres actifs et des membres honoraires; les premiers seront portés sur la liste d'ancienneté au fur et à mesure de leur réception, qui, pour éviter toute récrimination, aura lieu par date de naissance, les personnes les plus âgées formeront la tête de la liste.

Toute demande ultérieure suivra les règles énumérées au paragraphe 10.

§ 18. La première assemblée générale aura lieu dès que 500 personnes au moins auront envoyé leur adhésion.

§ 19. En attendant l'assemblée générale, les adhésions sont reçues (renseignements exigés au paragraphe 9), par le secrétaire provisoire. Avis en est immédiatement donné à la réception. Les cotisations ne seront reçues qu'après la formation du bureau.

§ 20. Le bureau et le comité d'organisation seront uniquement composés de membres assistant aux assemblées générales.

Secrétaire provisoire : Ed. DEMARTINÉCOURT, propriétaire à Is-sur-Tille (Côte-d'Or).

CONSIDÉRATIONS SUPPLÉMENTAIRES

---

§ 1. Les expéditions seront organisées par groupes de dix personnes au plus, suivant les ressources de la Société; elles seront dirigées par un président et un vice-président, nommés par le comité d'organisation et choisis, autant que possible, parmi les membres de la Société ayant déjà la connaissance des habitudes du pays à parcourir. Le vice-président du groupe sera toujours pris parmi les membres désignés pour le prochain départ ; le président pouvant seul être choisi en dehors du tour, réglé par la liste d'ancienneté.

Les itinéraires étant établis à l'avance, le président du groupe, ou en son absence le vice-président, n'aura, d'une façon générale, qu'à suivre les instructions reçues par écrit avant le départ ; en cas d'impossibilité absolue, celui-ci aura seul la faculté d'ordonner et de diriger, suivant les circonstances, le groupe placé sous ses ordres. La discipline indispensable au bon ordre et à la régularité des opérations exige que le président soit seul responsable vis-à-vis du comité d'organisation. La déférence et l'obéissance dues au président seront donc les bases essentielles qui faciliteront la marche des rouages déjà compliqués que nous exposons.

Les différents rapports fournis par les membres du groupe seront condensés, puis publiés par les soins du comité d'organisation.

Toutes facilités seront données aux Sociétaires dans les expéditions, pour qu'ils puissent se livrer à leurs études favorites ou à leurs plaisirs, pourvu que ces derniers ne sortent pas du cadre de la vie sportive et des bienséances : la chasse, par exemple, devant être, sans nul doute, une des plus séduisantes attractions du projet, sans qu'elle puisse cependant porter préjudice aux côtés plus sérieux et plus instructifs du voyage qui sont : études géographiques, levés topographiques, météorologie, sciences naturelles (botanique, géologie, etc.), photographie, études de mœurs, produits du sol, ressources commerciales, échanges, etc., etc.

Quel sera l'avenir de la Société? Nul ne saurait le prévoir...

Sa prospérité est subordonnée à l'accueil plus ou moins favorable qu'elle recevra du grand public. Elle sera nombreuse et puissante, ou bien elle n'existera pas. Elle aura en partage l'initiative qui convient à son but, initiative prudente, mais ferme et inébranlable que peuvent nécessiter ses opérations. Elle sera la réponse éclatante aux reproches trop souvent répétés et trop souvent justes aussi, que l'on fait à nos procédés colonisateurs, en répandant à profusion les éléments les mieux appropriés, destinés à accroître parmi nous l'intérêt puissant qui s'attache aux régions lointaines, en concourant à leur repeuplement, en favorisant l'exploitation de leurs richesses et la culture de leur sol, en préparant la barrière qui doit tôt ou tard, le plus tôt sera le mieux, défendre aux étrangers l'accès des régions comprises entre les branches du Niger, et dont la perte serait pour nous un irréparable malheur, puisqu'elle nous couperait la route de l'Algérie, dont la conquête, sans doute peu éloignée de Tombouctou, marquera l'étape la plus saillante.

On peut dire sans exagération que rien n'est plus utile à l'homme intelligent que les grands voyages : eux seuls, en effet, façonnent le jugement avec rapidité ; eux seuls ouvrent à l'esprit toujours éveillé et toujours charmé des horizons inaperçus ; eux seuls enfin permettent d'apprécier la puissance du mot patrie. Plus en est grand l'éloignement, plus est profond l'amour qu'elle vous inspire. Quels sont ceux qui, jetés pour un instant loin du lieu de leur naissance, n'ont pas senti leur âme tressaillir d'orgueil à l'aspect inattendu du pavillon national? Quels sont ceux qui, perdus sur l'immense océan, ne se sont point avidement penchés pour saisir au passage d'un lointain navire la marque qui nous décèle un ami, un indifférent ou un ennemi? Et de quels transports n'est-elle pas saluée lorsque, sortant des brumes vaporeuses de la mer, cette douce et fière image de la patrie nous apparaît, tantôt mollement agitée par le zéphir, tantôt furieusement secouée par la tempête? Ah ! si vous n'avez pas ressenti ces commotions bienfaisantes, vous n'avez pas encore vécu !

« Nous avons des colonies, des ports de commerce, « une marine marchande, des compatriotes fixés dans « toutes les contrées du globe, écrivait dernièrement « un rédacteur du *Petit Journal;* leur dignité, leur « prospérité est la nôtre; pour qu'ils ne courent aucun « risque, il s'agit pour nous d'être craints; et la force « de notre marine, qui possède tant de braves cœurs, « tant d'hommes habiles et expérimentés, est la pre- « mière condition du respect qui nous est dû dans le « monde entier. » Nous pouvons ajouter qu'une autre condition s'impose concurremment avec celle-là : on ne se connaît bien soi-même que par l'étude approfondie des autres ; il faut donc nous mettre en campagne pour juger sainement ce que valent ces hommes et ces choses; nous devons multiplier nos efforts pour porter haut et loin le pavillon qui nous abrite; plus il sera répandu, plus il sera respecté !

La Société n'aura pas de plus chère ambition que celle de développer ces sentiments inconnus du plus grand nombre d'entre nous, et de stimuler l'éclosion de ce germe nouveau, étouffé jusqu'alors dans notre cœur, par le bien-être égoïste que nous procurait la jouissance trop facile des choses nécessaires à la vie; ceux qui n'ont pas souffert ne peuvent apprécier à sa juste valeur l'immense bienfait de la santé ; ceux qui n'ont pas connu l'exil ont peine à s'imaginer les joies du retour.

D'ailleurs, la Société qui vous est proposée n'est pas une innovation dans son genre ; nous voyons, en effet, le Club Alpin français chercher en Amérique un but à son activité, et organiser pour ses membres une expédition dans les montagnes Rocheuses. Nous ne saurions le blâmer de cette pensée ; mais nous ne pouvons voir sans regret et sans tristesse l'intrépide ardeur de nos compatriotes à la solde de l'étranger, quand nous avons, chez nous et pour nous, tant besoin de nos propres forces et de nos propres ressources. N'y a-t-il donc pas dans les Colonies françaises de quoi satisfaire leur curiosité ? Nous voulons combler cette lacune dont la profondeur nous désespère.

Aussi bien, il n'y a plus lieu d'hésiter en présence du traité anglo-allemand sur le partage de l'Afrique orientale, ainsi qu'en présence des souscriptions organisées au delà du Rhin pour la formation d'une puissante société africaine. Nous devons, sous peine de crime de lèse-patrie, nous organiser sérieusement pour lutter à armes égales contre nos voisins dont les succès menacent nos droits.

La Société créera des stations et organisera des caravanes. Les expéditions des membres de la société ayant également pour but de se rendre compte des progrès accomplis, étendront considérablement son influence par le courant d'affaires qu'elles entraîneront avec elles.

Les membres actifs trouveront à chaque pas l'occasion d'exercer leur intelligence, leur ardeur et leur fermeté ; ils s'attacheront malgré eux à l'œuvre hardie que nous poursuivons en commun. Tout ce que la France compte d'hommes pratiques, de savants, d'audacieux, tous ces jeunes gens confinés dans leurs châteaux par une douce nonchalance, et dont la chasse forme la principale distraction, trouveront parmi nous un accueil empressé ; toutes les personnes qu'une absence de deux mois n'effrayera pas, se disputeront l'honneur de faire partie des groupes d'entreprise. Peut-on exiger davantage pour une si modeste somme ? Ce ciel toujours pur, toujours serein ; ces nuits incomparables où la vie circule comme dans le jour ; ces milliers d'oiseaux au plumage merveilleux et au chant varié, qui donnent à ces contrées une vie, une action, dont on ne peut concevoir ici l'incroyable énergie ; ces forêts inextricables où la sauvagerie des hommes rivalise avec celle des animaux....... et tant d'autres sujets d'étonnement qui remuent les sens, troublent le cœur, et laissent dans la mémoire des traces impérissables. Tous, nous subirons le charme de cet aimant de l'inconnu ; tous, nous voudrons revoir encore ces compagnons de nos jouissances ou de nos privations.

Est-il besoin de justifier davantage l'excellence d'une création dans le genre de celle-ci ? La Société Centre-Africaine de Colonisation et de Vulgarisation sera la réalisation pratique d'une société de géographie ; elle dirigera elle-même ses entreprises ; elle subventionnera les explorateurs et facilitera leur tâche.

Combien de nous, remplis d'une généreuse ardeur, se contentent, ne pouvant faire mieux, d'escalader, en compagnie d'autres clubmens, les pentes plus ou moins abruptes des coteaux environnants, foulent et refoulent les mêmes sentiers, franchissent les mêmes ravins, etc., etc. ?

La Société aura mieux à leur offrir. Ce n'est là toutefois que le petit côté de la question : Si nous n'étions partisan de la plus large expansion coloniale, nous ne viendrions pas certainement vous proposer une semblable entreprise ; mais ce n'est point encore tant dans le but d'élargir notre influence de par le monde, que dans celui, moins aléatoire, de réagir énergiquement contre les tendances de notre esprit national qui, avouons-le, n'a plus au même degré ces qualités, il est vrai chevaleresques et aventureuses, mais nécessaires à la vie d'une grande nation, que l'on nous enviait il y a deux siècles.

Nous voulons que les inoccupés, les favorisés de la fortune, les gens du monde, et toutes les catégories de personnes qui s'épuisent à chercher une occupation ou une distraction, trouvent, dans le sein de la Société, un placement fructueux et économique de leurs facultés.

Eh quoi ! faciliter à une foule de jeunes gens avides de s'instruire l'occasion de contempler des régions, pour ainsi dire inexplorées ; leur procurer la légitime satisfaction de poser le pied sur un sol encore vierge de traces européennes ; les précipiter du jour au lendemain de l'auréole civilisatrice qui les entoure, dans les monstrueuses ornières de la barbarie ; les placer en face de situations difficiles et souvent périlleuses, où les ressources auxquelles ils sont habitués leur feront défaut, où leur imagination et leur ingénuité auront à chaque pas mille occasions de se manifester ; former ainsi ou mieux retremper leur caractère, élever leur moral, exciter leur patriotisme en leur permettant une comparaison aussi juste que possible entre nos aptitudes, nos mœurs, nos relations commerciales, notre activité, nos moyens, et ceux des peuples voisins nos rivaux, trop souvent heureux, dans la lutte pacifique qu'engagent aujourd'hui pour la vie les intérêts économiques de chacun d'eux; leur prouver que loin de France les Français ne comp tent pas autant qu'il pourrait leur sembler; encourager leur amour pour ces pays arrosés du sang de leurs amis ou de leurs frères; toutes ces considérations ne sont-elles pas de grands bienfaits?

Enfin, si nous envisageons une autre face du projet, nous ne doutons pas que la Société ne vienne prendre sa part des luttes acharnées que la civilisation soutient incessamment dans ces régions; qu'elle n'apporte au gouvernement le concours de ses moyens pour augmenter nos influences et les opposer avec avantage à celles des peuples européens qui, dans cette partie du monde, rivalisent d'ardeur, et pourraient, d'un instant à l'autre, compromettre gravement nos plus sérieux intérêts.

C'est là vraiment la partie nationale de l'œuvre; elle fournira à ses membres l'orgueilleuse satisfaction d'avoir contribué à la grandeur de la patrie, tout en réservant à chacun d'eux une somme suffisante d'émotions inoubliables.

Enfin, nous croyons que la Société vient à son heure, et qu'elle répond à un desiderata de l'opinion publique, dont les échos nous sont transmis par la presse.

Cet exposé des motifs était achevé, lorsqu'a été publié l'accord intervenu si légèrement entre l'Anglais et nous, à la suite de la violation formelle qu'il avait faite de la convention passée en 1862 concernant le sultanat de Zanzibar.

Nos droits et nos espérances qui paraissaient illimités dans le Soudan, se trouvent aujourd'hui fixés d'une manière irrévocable. La Société, de ce chef, perd son principal attrait, qui était justement l'absence de bornes imposées à son activité.

Nous sommes amenés, par suite, à modifier du tout au tout les projets énumérés ci-dessus, et alors que, ne pressentant aucune barrière devant nous, nous songions à nous ouvrir petit à petit un passage vers l'intérieur, nous sommes aujourd'hui forcés de suivre le mouvement que nous voulions jadis précéder ; aussi, prenant à la lettre les termes de la convention anglo-française, nous considérons d'ores et déjà, comme étant de notre domaine colonial, et par suite, comme servant de champs de manœuvres à la Société, tous les pays compris au nord du parallèle de Say sur le Niger au lac Tchad.

Et soyez convaincus que la Société ne s'attardera pas à chercher ses voies bien longtemps, pour atteindre le point terminus assigné à notre prépondérance ! C'est là en effet le caractère essentiel des modifications que la nouvelle convention nous a fait introduire dans notre programme.

Nous chercherons donc, du premier coup, à explorer la circonférence la plus extérieure que nous abandonne généreusement la magnanimité anglaise, gardant pour elle la part du lion ; et c'est avec une sorte de rage patriotique que nous subirons les entraves dont elle a su si habilement entourer nos progrès dans cette partie de l'Afrique. De cette convention, il en sortira néanmoins une œuvre utile et indispensable aujourd'hui, nons voulons parler du Transsaharien. Le projet, mûrement étudié par le général Philebert, n'attend plus que l'approbation du gouvernement, et les capitaux nécessaires. Il ne s'agit ni de conquêtes nouvelles, ni d'annexions de territoires ; mais nous comprenons tous l'importance capitale d'ouvrir des débouchés à nos produits industriels et à notre commerce, tout en nous procurant des matières premières nouvelles à bon marché.

Terminons enfin l'exposé des mille et un motifs qui nous ont conduits aux propositions statutaires loyales ci-dessus, en déclarant que la Société évitera soigneusement les discussions irritantes, et qu'elle préférerait renoncer à certains avantages, plutôt que de donner prise à une critique quelconque, sur une question d'ordre politique dont elle n'a point souci.

Le Sénégal sera la première étape où s'exercera l'activité de la Société, parce que de toutes nos colonies c'est la plus rapprochée de France, et la plus intéressante au point de vue des buts multiples que nous nous proposons : mœurs primitives et sauvages, faune incomparable, plaines, montagnes, forêts, sables brûlants, bosquets ombragés, elle offre à l'amateur et au poète des champs d'études aussi variés qu'étendus ; parce qu'elle renferme dans son immensité de vastes territoires qu'aucun voyageur n'a sérieusement fréquenté jusqu'ici et qu'elle apparaît comme devant être, dans un avenir peu éloigné, la plus importante de nos possessions, parce qu'enfin le champ d'observations offert à la Société y apparaît si grandiose et si indéfini que, pendant de longues années du moins, il ne sera pas utile d'en chercher d'autres.

Aussitôt la constitution définitive de la Société, les membres recevront une monographie détaillée du Sénégal, accompagnée d'un plan qui leur permettra de suivre tous les faits que la Société leur signalera.

Les personnes qui désireraient se rendre compte de l'histoire de ces régions peuvent consulter l'ouvrage du général Faidherbe : *Le Sénégal ; la France dans l'Afrique occidentale*. Les idées personnelles de l'honorable général sont également les nôtres, et nous espérons qu'elles seront partagées bientôt par toutes les personnes jalouses de la grandeur coloniale de la France.

DIJON, IMPRIMERIE DARANTIERE, RUE CHABOT-CHARNY, 65